ANALISI DEL LIBRO

AF137515

Saggi

· · · · · · · · · · · · · ·

MICHEL DE MONTAIGNE

ANALISI DEL LIBRO

Scritto da Marc Sigala
Tradotto da Sara Rossi

Saggi

· ·

MICHEL DE MONTAIGNE

MICHEL DE MONTAIGNE

SCRITTORE E FILOSOFO FRANCESE

- **Nato a Saint-Michel-de-Montaigne nel 1533**
- **Morto nel 1592**
- **Il suo lavoro:**
  - I *saggi* (1590-1595)

Michel Eyquem de Montaigne (1533-1592) è stato uno scrittore, filosofo e politico francese del Rinascimento. Partecipa alla vita politica del suo Paese, in particolare come consigliere della Corte degli aiuti a Périgueux e soprattutto come sindaco di Bordeaux. Tuttavia, la sua principale aspirazione è quella di leggere e scrivere, e questo lo porta a intraprendere la stesura dei *Saggi*, una pietra miliare della letteratura francese che raccoglie le sue esperienze, i suoi pensieri e le sue riflessioni sul mondo.

Montaigne è un umanista che cerca soprattutto la saggezza al di là delle convinzioni morali, politiche e religiose.

SAGGI

IL LAVORO DI UNA VITA

- **Genere:** saggio
- **Edizione di riferimento:** De Montaigne, M. (1965) *Saggi*. Trans. Frame, D. Stanford: Stanford University Press
- **Prima edizione:** 1580
- **Temi:** introspezione, condizione umana, saggezza, amicizia, educazione

I *Saggi*, apparsi per la prima volta nel 1580, sono l'opera principale di Montaigne, che iniziò a scriverli nel 1570. In essi il filosofo tratta molti argomenti, tra cui la medicina, il sapere e le buone maniere, a cui unisce riflessioni su se stesso e sull'umanità in generale.

L'obiettivo della sua introspezione è scoprire la realtà della condizione umana: per cogliere ciò che l'uomo è, osserva, sia in se stesso che negli altri, tutti gli elementi della vita, per quanto bassi, ordinari o banali.

SINTESI

LIBRO I

Capitolo 1 – Con mezzi diversi si arriva allo stesso fine

I comportamenti e le reazioni degli uomini variano. Per questo motivo, è difficile sapere come pacificare una persona che abbiamo offeso.

Capitolo 2 – Della tristezza

La tristezza si esprime in modi diversi. Come emozione forte, travolge e schiaccia l'anima.

Capitolo 3 – I nostri sentimenti vanno al di là di noi

Le persone dovrebbero seguire il consiglio di Socrate (filosofo greco, 470-399 a.C.) e cercare di conoscere se stesse nel presente. Invece, si proiettano sempre oltre il presente per paura, desiderio o speranza.

Capitolo 4 – Come l'anima scarica le sue passioni su oggetti falsi quando mancano i veri

Le persone sentono il bisogno di esprimere le proprie emozioni anche quando non riescono a coglierne la causa. Utilizzeranno qualsiasi pretesto e ascoltatore per trovare sollievo emotivo.

Capitolo 5 – Se il governatore di un luogo assediato debba o meno andare a trattare con il nemico

Una vittoria degna può essere ottenuta solo con il coraggio e la lealtà. Montaigne si chiede se il capo di una roccaforte minacciata dagli aggressori debba andare a negoziare, come gli offre il nemico, con il rischio che questa offerta possa essere un trucco per fargli lasciare il posto. Montaigne si fiderebbe del nemico.

Capitolo 6 – L'ora di riunione è pericolosa

Come ci si può fidare del nemico durante i negoziati? In ogni caso, è essenziale rimanere leali in ogni circostanza e non uccidere il nemico quando sta avanzando per firmare il trattato di pace.

Capitolo 7 – L'intenzione è giudice delle nostre azioni

Non dobbiamo giudicare le azioni, di cui non sempre si ha il controllo perché dipendono anche da circostanze esterne, ma piuttosto considerare l'intenzione.

Capitolo 8 – Dell'ozio

Quando una persona abbandona il servizio pubblico a favore dello studio, deve affidarsi alla disciplina della scrittura; in caso contrario, la mente si allarga eccessivamente.

Capitolo 9 – Dei bugiardi

I bugiardi hanno una buona memoria perché devono ricordare tutte le loro bugie per non tradirsi. Montaigne ha una cattiva memoria. La menzogna è una perversione della comunicazione tra gli uomini.

Capitolo 10 – Di parola pronta o lenta

È meglio parlare in modo premeditato come i predicatori o in modo spontaneo come gli oratori? Può essere vantaggioso essere spontanei.

Capitolo 11 – Dei pronostici

È strano e un peccato che gli uomini siano più attaccati alle previsioni che a vivere il presente.

Capitolo 12 – Della costanza

Essere costanti significa tollerare i mali che non possono essere evitati.

Capitolo 13 – Cerimonia dei colloqui tra i re

Ogni paese e ogni città ha le sue cerimonie particolari. Montaigne raccomanda di comportarsi bene con gli altri rispettando le loro regole di cortesia, perché questo è un modo per renderli ben disposti nei vostri confronti. Tuttavia, un eccesso di civiltà può portare a sconfinare nella maleducazione.

Capitolo 14 – Che il gusto del bene e del male dipende in gran parte dall'opinione che ne abbiamo

Non esiste una definizione assoluta di male: varia da persona a persona, come alcuni lo vedono nella povertà e altri nella sofferenza. Quanto alla felicità, le uniche persone felici sono quelle che sono convinte di esserlo.

Capitolo 15 – Si viene puniti per aver difeso ostinatamente un luogo senza motivo

Non bisogna difendere ostinatamente una roccaforte contro un numero eccessivo di nemici. In tal caso, la virtù del coraggio diventerebbe un vizio.

Capitolo 16 – Della punizione della viltà

I codardi sono già puniti dalla vergogna. Per questo motivo ricevono un grado di indulgenza maggiore rispetto a chi è malizioso.

Capitolo 17 – Un tratto di alcuni ambasciatori

Gli ambasciatori non si accontentano di riferire ciò che hanno visto o sentito, ma aggiungono sempre qualcosa per aumentare il proprio status.

Capitolo 18 – Della paura

Ci sono due modi di reagire alla paura: essere paralizzati o comportarsi in modo insensato.

Capitolo 19 – Che la nostra felicità non deve essere giudicata se non dopo la nostra morte

La morte è un momento di verità: poiché le vicende umane sono così incoerenti e varie, una persona può sapere se è stata felice o meno solo l'ultimo giorno della sua vita. Allo stesso modo, non possiamo giudicare gli altri fino al momento della loro fine, perché è solo all'ultimo secondo che le apparenze cadono e la verità viene fuori.

Capitolo 20 – Che filosofare è imparare a morire

La vita non si misura dalla sua durata, ma da ciò che ne facciamo: è preferibile filosofare che cercare il piacere.

Capitolo 21 – Del potere dell'immaginazione

La fede nei miracoli e nelle visioni deriva dall'immaginazione. L'immaginazione ha persino il potere di curare il corpo attraverso i rimedi in cui il malato crede.

Capitolo 22 – Il profitto di un uomo è il danno di un altro uomo

Non è una cosa che dobbiamo criticare. Lo si può notare nella legge del guadagno, con la quale il medico si arricchisce grazie alle malattie dei suoi pazienti.

Capitolo 23 – Della consuetudine e della non facilità di cambiare una legge accettata

Montaigne lamenta il fatto che le nostre abitudini sono a volte così profondamente radicate in noi da lavorare contro la nostra natura di base e la nostra spontaneità. La forza dell'abitudine può essere vista nella varietà di tradizioni e costumi in tutto il mondo: sono visti come leggi.

Capitolo 24 – Diversi esiti di uno stesso piano

Il filosofo osserva che la stessa intenzione porta ad azioni diverse. Il motivo per cui le conseguenze di una stessa intenzione variano così tanto è che gli eventi sono guidati dal caso.

Capitolo 25 – Della pedanteria

Il pedante ammira così tanto gli studiosi da non pensare con la propria testa e da abbandonarsi completamente a loro. Tuttavia, essere saggi significa avere uno spirito morale e critico.

Capitolo 26 – Dell'educazione dei bambini

È preferibile che un bambino venga educato da qualcuno con una mente ben formata piuttosto che da una testa piena di fatti, per imparare a pensare in modo morale e critico. Il bambino deve imparare a osservare, ad ascoltare e a mettere in prospettiva giudizi e valori. La cosa più importante è che il bambino abbia voglia di imparare.

Capitolo 27 – È una follia misurare il vero e il falso in base alle proprie capacità

La credulità è ignoranza, ma l'incredulità è arroganza: il nostro potere di giudizio non è il riferimento di ciò che è vero e di ciò che è falso, ma solo Dio.

Capitolo 28 – Dell'amicizia

Montaigne parla del suo incontro con La Boétie (scrittore francese, 1530-1563). A differenza delle relazioni familiari o romantiche, l'amicizia è una comunicazione perfetta tra due persone che si sono scelte liberamente. I due amici si conoscevano perfettamente e quando Étienne de la Boétie morì una parte di Montaigne lo accompagnò.

Capitolo 29 – I ventinove sonetti di Etienne de La Boétie

Questo capitolo non esiste più. Montaigne aveva inizialmente collocato qui i sonetti dell'amico.

Capitolo 30 – Della moderazione

La moderazione è essenziale. Dobbiamo fare attenzione: una virtù praticata in eccesso diventa un vizio.

Capitolo 31 – Dei cannibali

Il filosofo dimostra la relatività dei giudizi di valore: noi ci scandalizziamo per il cannibalismo dei brasiliani, ma loro si scandalizzerebbero per la condizione diseguale degli uomini in Europa. Non dobbiamo essere così rapidi e categorici nel rifiutare le cose che non sono in linea con i nostri costumi.

Capitolo 32 – Dobbiamo occuparci sobriamente del giudizio sulle ordinanze divine

Nessuno può prevedere i piani di Dio, a parte gli impostori che approfittano della credulità e dell'ignoranza del popolo.

Capitolo 33 – Fuggire dai piaceri sensuali a prezzo della vita

Sant'Ilario (315-367), vescovo di Poitiers, voleva che sua figlia morisse mentre era ben educata, bella e ricca; insomma, destinata a un futuro felice. Voleva farle perdere il gusto dei piaceri terreni per poterla unire completamente a Dio.

Capitolo 34 – La fortuna si incontra spesso sulla strada della ragione

A volte il caso è più efficace della ragione.

Capitolo 35 – Di una mancanza nelle nostre amministrazioni

Un difetto della nostra società è che non esiste un luogo in cui le persone possano registrare la loro richiesta di un lavoratore. Ad esempio: voglio vendere questo, ho bisogno di un falegname, cerco qualcuno che venga con me a Roma, ecc. In questo modo, ognuno potrebbe annunciare il proprio bisogno e vederlo soddisfatto.

Capitolo 36 – Dell'usanza di indossare abiti

I vestiti sono un'ulteriore prova del potere della consuetudine, perché esistono anche se non sono richiesti dalla natura e a volte non proteggono nemmeno chi li indossa dal freddo o dall'indecenza.

Capitolo 37 – Di Catone il Giovane

Montaigne vuole rendere omaggio a Catone (statista e scrittore romano, 234-149 a.C.), che ritiene ingiustamente denigrato. Egli descrive la tendenza degli uomini a dare giudizi affrettati, a rifiutare le differenze, a essere intolleranti e a paragonarsi gli uni agli altri. Al contrario, il filosofo è in grado di rispettare e lodare le persone diverse da sé.

Capitolo 38 – Come ridere e piangere per la stessa cosa

Un vincitore può essere felice per se stesso e piangere per la persona che ha sconfitto, così come un vendicatore può essere felice per questo ma anche triste per aver causato dolore con la sua vendetta.

Capitolo 39 – Della solitudine

La vera libertà si trova nella solitudine e dobbiamo essere in grado di sopportarla. Essere soddisfatti di se stessi è una cosa positiva.

Capitolo 40 – Una considerazione su Cicerone

La vanità di questo oratore romano troppo eloquente (106-43 a.C.) è deplorevole. Si impegnò più a far conoscere i suoi discorsi che a farsi notare con le sue azioni.

Capitolo 41 – Non comunicare la propria gloria

Le persone di successo amano comunicare la "loro" gloria, che spesso è stata conquistata per loro da altri che hanno lavorato senza riconoscimento.

Capitolo 42 – Della disuguaglianza che c'è tra di noi

Solo la saggezza ci permette di distinguere le persone in base alle loro qualità. Un re non è più saggio o più felice o più privilegiato di una persona comune. Gli attributi delle grandi figure sono spesso immaginati.

Capitolo 43 – Delle leggi suntuarie

Le ordinanze reali contro il lusso, dal XIII al XVI secolo, che regolavano gli abiti che una persona poteva indossare a seconda del suo rango sociale, servivano solo a suscitare invidia nei confronti dei privilegiati, quando in realtà avrebbero dovuto essere disprezzati per essersi distinti solo grazie al lusso.

Capitolo 44 – Del sonno

Il sonno è importante e non è in conflitto con il coraggio.

Capitolo 45 – Della battaglia di Dreux

Montaigne pensa che sacrificare alcune truppe per vincere la battaglia generale possa essere una buona tattica militare.

Capitolo 46 – Dei nomi

Le persone sbagliano a dare tanta importanza ai nomi, perché la loro identità non deriva da essi.

Capitolo 47 – Dell'incertezza del nostro giudizio

Una decisione può avere conseguenze diverse da quelle che ci si prefiggeva in origine. Ad esempio, armare sfarzosamente i soldati con l'obiettivo di stimolare il loro coraggio potrebbe avere l'effetto di distrarli dal combattimento, perché troppo impegnati ad ammirare se stessi. Pertanto, le decisioni prese e i loro risultati, come gli eventi, dipendono soprattutto dal caso.

Capitolo 48 – I cavalli da guerra

Questo è un capitolo sull'importanza dei cavalli nella storia.

Capitolo 49 – Delle antiche usanze

Le persone si giudicano a vicenda in base alle loro abitudini, anche se queste sono tutte relative, come dimostrano i cambiamenti delle mode e dei gusti in tutte le materie.

Capitolo 50 – Di Democrito e Eraclito

La condizione umana interessava il filosofo greco Eraclito (550-480 a.C. circa), mentre il filosofo Democrito (460-370 a.C. circa) non se ne curava e pensava che fosse meritata. Montaigne pensa che sia bene esaminare tutte le idee.

Capitolo 51 – Della vanità delle parole

Montaigne accusa la retorica di essere un'arte di parlare con enfasi, senza che questa enfasi si traduca in azioni.

Capitolo 52 – Della parsimonia degli antichi

Grandi uomini come Catone e Scipione Emiliano, il generale romano che distrusse Cartagine nel II secolo a.C., vivevano in modo estremamente frugale.

Capitolo 53 – Di un detto di Cesare

L'imperatore romano Giulio Cesare (100-44 a.C.) era sorpreso quanto Montaigne del fatto che la mente umana si dedica a scoprire le cose che le sfuggono piuttosto che a comprendere le cose semplici.

Capitolo 54 – Di vane sottigliezze

È meglio realizzare azioni efficaci che cercare la complessità o la rarità, o praticare l'arte della retorica.

Capitolo 55 – Di odori

Gli odori hanno un impatto sul nostro umore, il che dovrebbe interessare la medicina o la religione.

Capitolo 56 – Delle preghiere

La preghiera stabilisce un rapporto tra l'uomo e Dio e, piuttosto che trattarla come un incantesimo, l'uomo dovrebbe usarla come un modo per esprimere a Dio il suo sincero dolore per averlo offeso con i suoi peccati.

Capitolo 57 – Dell'età

Invece di parlare di vecchiaia, dovremmo lasciare che i giovani agiscano liberamente, perché le grandi azioni sono generalmente intraprese prima dei trent'anni.

LIBRO II

Capitolo 1 – Dell'incoerenza delle nostre azioni

È difficile giudicare le persone perché agiscono sempre in modo incoerente: le loro azioni variano a seconda del momento e delle circostanze.

Capitolo 2 – Dell'ubriachezza

Distrugge il corpo e la mente.

Capitolo 3 – Un'usanza dell'isola di Cea

Montaigne parla del suicidio. È comprensibile o solo Dio può decidere il momento della morte? Il filosofo ritiene che possa essere coraggioso e giustificato in alcune circostanze.

Capitolo 4 – Gli affari aspettano domani

Non dobbiamo essere schiavi del lavoro, ma essere in grado di rimandarlo per sentirci liberi.

Capitolo 5 – Della coscienza

Questo capitolo esamina la tortura. La chiara coscienza morale dell'innocente dovrebbe renderlo resistente alla tortura, ma in realtà lo spinge ad ammettere qualsiasi cosa, mentre il colpevole sa che se resiste al dolore della tortura si salva da una morte certa.

Capitolo 6 – Della pratica

Come possiamo esercitarci per la morte? Il sonno e lo svenimento sono esperienze simili. Ma per imparare a vivere e a morire, dobbiamo soprattutto imparare a conoscere noi stessi, e questo si fa attraverso la scrittura.

Capitolo 7 – Delle onorificenze

Affinché rimangano un onore, i premi dovrebbero essere assegnati con parsimonia in base al vero merito.

Capitolo 8 – Dell'affetto dei padri per i figli

Il valore, l'intelligenza e la moralità dei nostri figli non sono tanto nostri quanto loro; per questo è più giusto amare i prodotti della nostra mente, come la poesia, che i nostri figli.

Capitolo 9 – Le armi dei Parti

Questo popolo dell'antico Iran si affidava più al coraggio che alle armi quando combatteva. Oggi gli uomini non hanno nemmeno il coraggio di imbracciare le armi.

Capitolo 10 – Dei libri

Montaigne legge per piacere e per conoscere meglio se stesso. Descrive i suoi generi e autori preferiti, ad esempio Virgilio (I secolo a.C.), Lucrezio (98-55 a.C.), Catullo (I secolo a.C.) e Orazio (65-8 a.C.) per la poesia.

Capitolo 11 – Della crudeltà

Per Montaigne, la moralità è una virtù innata e una sensibilità che gli fa automaticamente odiare la tortura e la caccia, due azioni molto crudeli.

Capitolo 12 – Apologia di Raymond Sebond

Questo teologo spagnolo (morto nel 1436) voleva usare la ragione per dimostrare la verità della religione. Montaigne confuta il suo argomento perché considera la ragione umana insufficiente: tutte le scuole del mondo non sono riuscite a scoprire la verità, che può essere rivelata solo con l'aiuto del caso o di Dio. La ragione umana è debole e deve essere compensata dalla grazia della fede.

Capitolo 13 – Del giudizio sulla morte degli altri

Come possiamo valutare il coraggio di una persona che sta morendo quando non è consapevole di farlo perché la sua anima è indebolita quanto il suo corpo?

Capitolo 14 – Come la nostra mente ostacola se stessa

Una persona indecisa tra due possibilità equivalenti deve comunque prendere una decisione. Questa decisione si basa sull'irrazionale?

Capitolo 15 – Che il nostro desiderio è accresciuto dalle difficoltà

La difficoltà aumenta il desiderio. Questo vale anche per la vita: il suo valore deriva dalla prospettiva della morte.

Capitolo 16 – Della gloria

Aver vissuto serenamente è l'unico onore che esiste. Gli altri onori dipendono solo dal caso o dall'approvazione di persone ignoranti che non riescono a vedere oltre le apparenze.

Capitolo 17 – Della presunzione

Una persona presuntuosa preferisce se stessa agli altri. Montaigne ha una certa tendenza a sopravvalutare gli altri. Pur prendendo se stesso come oggetto di studio, si sminuisce più di ogni altra cosa: non gli piace il suo aspetto, trova molti difetti in se stesso, si inchina davanti agli antichi, ecc. Non si aspetta alcuna gloria dal suo libro.

Capitolo 18 – Di dare la menzogna

Montaigne non cerca i posteri; ha scritto il suo libro per se stesso (per migliorarsi attraverso la scrittura) e per coloro che gli sono vicini.

Capitolo 19 – Della libertà di coscienza

Questo capitolo tratta della libertà di coscienza religiosa, continuamente richiesta dai protestanti nel XVI secolo. Montaigne ritiene che essa fomenti il dissenso civile e diffonda e aumenti il disaccordo. Inoltre, la concessione della libertà di coscienza indebolisce la religione in questione perché la difficoltà riaccende la fede, mentre la facilità la spegne.

Capitolo 20 – Non assaporiamo nulla di puro

La sofferenza è sempre mescolata al piacere e, nelle leggi, la giustizia è sempre mescolata all'ingiustizia. Questo materiale composto è all'interno dell'umanità e ovunque.

Capitolo 21 – Contro il non fare

Questo è incompatibile con i doveri degli imperatori e di tutti gli uomini.

Capitolo 22 – Di posta a cavallo

Montaigne ripercorre la storia dei mezzi utilizzati dai principi dell'antichità per inviare i loro messaggi.

Capitolo 23 – Dei mezzi malvagi impiegati per un fine buono

Poiché gli esseri umani sono deboli, devono usare mezzi malvagi per raggiungere fini buoni. È questo il caso in cui i mali della guerra allontanano i cittadini dall'ozio e dall'intrallazzo.

Capitolo 24 – Della grandezza di Roma

I contemporanei di Montaigne avrebbero dovuto seguire l'usanza dei Romani che prevedeva di lasciare ai re sconfitti i loro regni.

Capitolo 25 – Non contraffare l'essere malati

Fingendo di essere malata per sottrarsi a un compito o a un altro, una persona diventa veramente malata.

Capitolo 26 – Dei pollici

Molte usanze dimostrano l'importanza del pollice. Un esempio tra i tanti è quello del pubblico romano che dà un pollice in su o un pollice in giù per decidere il destino dei gladiatori nell'anfiteatro.

Capitolo 27 – La codardia, madre della crudeltà

La vigliaccheria va di pari passo con la sete di sangue. Montaigne condanna i duelli che si svolgevano ai suoi tempi, spesso per un semplice peccatuccio. Il duello mette in pericolo non solo i duellanti, ma anche i loro testimoni. Questi combattimenti non sono fatti in nome del bene pubblico, ma in nome dell'interesse personale. Il sangue versato rischia di provocare un'emorragia di vendette. Anche i tiranni e i giudici sono spesso vigliacchi; per questo fanno durare la morte e infliggono torture.

Capitolo 28 – Ogni cosa ha la sua stagione

C'è un tempo per ogni cosa e quindi per ogni età: la giovinezza è per imparare, la vecchiaia per liberarsi dei propri beni.

Capitolo 29 – Della virtù

Le persone devono essere giudicate nel tempo, perché la virtù può essere dovuta al caso o a un eccezionale slancio dell'anima.

Capitolo 30 – Di un bambino mostruoso

Si dice che la persona malformata sia mostruosa, ma la decisione divina responsabile di ciò sfugge al genere umano.

Capitolo 31 – Della rabbia

La rabbia causa punizioni ingiuste perché porta via l'anima di una persona e ne guida la mano.

Capitolo 32 – Difesa di Seneca e Plutarco

Montaigne difende, tra gli altri testi, le storie di Plutarco (storico e pensatore romano antico, 50-125 circa), giudicate poco plausibili dai suoi colleghi.

Capitolo 33 – La storia di Spurina

Spurina si sfigurò per paura di soccombere ai desideri che la sua bellezza suscitava negli altri. Egli mostrò un eccesso di virtù, ma mostrare moderazione è una virtù superiore all'eccesso di virtù.

Capitolo 34 – Osservazioni sui metodi di guerra di Giulio Cesare

L'imperatore romano ne è un esempio: esigeva dai suoi soldati solo il coraggio e puniva solo la disobbedienza.

Capitolo 35 – Di tre buone donne

Il filosofo fornisce tre esempi di donne eccezionali che, invece di piangere i loro mariti, li hanno raggiunti nella morte.

Capitolo 36 – Degli uomini più eccezionali

Omero (VIII secolo a.C.), autore dell'*Iliade* e dell'*Odissea*, è il primo poeta. Alessandro Magno (356-323 a.C.), re di Macedonia, divenne il padrone del mondo nella sua breve vita. Epaminonda (418-362 a.C.), generale e statista tebano, fu un uomo dalla morale esemplare. Si tratta di tre uomini eccezionali.

Capitolo 37 – Della somiglianza dei figli con i padri

Montaigne ha ereditato la malattia del padre: i calcoli renali. Parla quindi di medici che si contraddicono a vicenda e decide invece di lasciarsi nelle mani della natura.

LIBRO III

Capitolo 1 – Dell'utile e dell'onorevole

Montaigne preferisce non essere coinvolto nel servizio pubblico, perché per essere politicamente efficace questo tipo di attività richiede tradimenti, bugie e massacri.

Capitolo 2 – Del pentimento

Nessuno conosce una persona quanto la persona stessa. Di conseguenza, la coscienza di ciascuno è l'unica in grado di riconoscere i propri difetti. L'unica cosa è che non possiamo pentirci dei vizi che sono troppo radicati in noi per poterli identificare come tali.

Capitolo 3 – Tre tipi di associazione

Il pensatore ama stare con uomini onesti e virtuosi, con donne attraenti in una relazione sentimentale fedele e infine con i libri. Di questi tre tipi di relazione, solo l'ultimo non dipende da qualcun altro o dal caso. I libri sono un rifugio e un rimedio alle sofferenze dell'esistenza.

Capitolo 4 – Della diversione

È preferibile consolare un cuore afflitto compatendolo o distraendolo dalla sua tristezza? Montaigne trova che la mente umana, instabile per natura, sia facile da distogliere. Il secondo metodo è quindi efficace.

Capitolo 5 – Su alcuni versi di Virgilio

Montaigne attinge ai suoi ricordi d'amore per distoglierlo dalla tristezza causata dalla vecchiaia che si sta impadronendo di lui. Pensa che spesso il matrimonio non sia una scelta, ma un atto di obbedienza alla consuetudine, e parla della sessualità che, sebbene naturale, viene evitata nelle conversazioni tra uomini. Il pensatore rifiuta la gelosia nelle relazioni sentimentali. Infine, secondo lui è bene mostrare pazienza in amore: le donne fanno bene a lasciarsi corteggiare a lungo. Il filosofo si serve dell'antico poeta Virgilio (I secolo a.C.) per sostenere la sua idea che lo stile poetico allusivo che risveglia l'immaginazione è del tutto adatto all'amore.

Capitolo 6 – Degli allenatori

Qui Montaigne menziona i mezzi di trasporto. Alcuni imperatori romani viaggiavano in sontuose carrozze trainate da cavalli: tanto lusso, quando non è impiegato con lo scopo di abbellire o difendere il regno, offende il popolo. La ricchezza di un Paese non appartiene al suo capo di Stato: quest'ultimo deve semplicemente amministrarla per il bene del popolo. Nel continente americano ci sono re che, oltre ad essere coraggiosi, sono modelli di devozione verso i loro sudditi. La colonizzazione è quindi da deplorare perché non solo ha sterminato le popolazioni indigene, ma ha anche negato la civiltà ai nativi americani, mentre lì c'è meno crudeltà che in Europa.

Capitolo 7 – Lo svantaggio della grandezza

È certamente preferibile vivere una vita ordinaria che essere re, perché come può un re dimostrare moderazione quando il suo potere è assoluto? Inoltre, deve spesso sopportare l'ipocrisia dei suoi sudditi.

Capitolo 8 – Dell'arte della discussione

La conversazione tra due pari che si ascoltano a vicenda è stimolante per la mente. Tuttavia, è necessario avere un avversario al proprio livello e cercare di raggiungere la verità piuttosto che avere ragione. I principi, quindi, non possono praticare la conversazione perché non hanno pari e non possono rivelarsi deboli o ignoranti in certi argomenti. Anche Montaigne ama conversare attraverso la lettura, cercando di trovare l'uomo dietro l'autore.

Capitolo 9 – Della vanità

Agli uomini piace viaggiare per sfuggire alla vita quotidiana. Per questo, quando viaggia ed è lontano dagli affari pubblici e privati, l'autore può pensare solo a se stesso. È un vero piacere scoprire continuamente cose nuove e immergersi in costumi sconosciuti che deve cercare di capire. Infine, lasciare la moglie per un certo periodo non è una cosa negativa, perché l'assenza fa crescere il cuore.

Capitolo 10 – Come gestire la propria volontà

Montaigne pensa che una persona debba preferire se stessa ai suoi doveri verso gli altri; per questo privilegia la meditazione rispetto agli impegni politici e sociali. Ha assunto la carica di sindaco di Bordeaux, ma non a costo della sua vita privata. Gli affari pubblici devono occupare un uomo solo con moderazione, perché in ogni caso l'unico giudizio che conta è quello della propria coscienza, non quello degli altri. Deve quindi prestarsi agli altri, ma soprattutto dedicarsi a se stesso.

Capitolo 11 – Degli storpi

Agli storpi venivano attribuite capacità sessuali fuori dal comune. Questo è vero solo nell'immaginazione, e l'immaginazione influenza i sensi. È quindi necessario resistere alle opinioni preconcette ed evitare di giudicare, perché solo Dio può giudicare. Allo stesso modo, Montaigne è contrario alla messa a morte delle streghe, perché sono vittime di pregiudizi infondati.

Capitolo 12 – Della fisiognomica

Invece di pensare con la propria testa, le persone seguono le opinioni collettive e le dicerie. Sono anche portati a preferire l'artificio e il possesso di cose che non hanno, mentre dovrebbero seguire la natura, che è calmante. I contadini che vivono in armonia con la natura hanno più coraggio degli uomini istruiti dalla scienza: affrontano serenamente la peste e la morte. La natura, infatti, aiuta l'uomo a prepararsi alla morte ricordandogli che è inutile pensarci all'infinito, perché questo è l'ordine delle cose. È meglio vivere secondo le leggi della natura che aspirare alla perfezione.

Non sempre la fisionomia va di pari passo con l'interiorità, come dimostra la bruttezza del filosofo greco Socrate (470-399 a.C.).

Capitolo 13 – Dell'esperienza

Lasciarsi guidare dall'esperienza è il modo migliore per scoprire la verità. Questo vale anche per l'esercizio dell'introspezione: una persona deve osservarsi di giorno in giorno per conoscersi. Montaigne raccomanda ancora una volta di seguire la natura, che detta meglio dei medici ciò che è benefico e appagante per noi. Conclude la sua opera con un'ode alla vita, alla padronanza di sé e alla moderazione, che sono le virtù dell'uomo veramente saggio.

CONTESTO

UMANESIMO

Montaigne era un umanista del Rinascimento. L'Umanesimo è un movimento intellettuale nato in Italia nel XIV secolo, prima di raggiungere il resto d'Europa nel XV e XVI secolo. Si diffuse grazie ai progressi della stampa e all'esodo di molti studiosi greci che si rifugiarono in Italia dopo la conquista della città di Costantinopoli da parte dei Turchi.

La presenza di questi studiosi greci in Italia fece sì che gli umanisti volessero procurarsi i testi antichi nella loro lingua originale e non nelle loro traduzioni latine, che erano annotate con tutta una serie di glosse e commenti, per poter comprendere e interpretare da soli il messaggio degli antichi. Questo ritorno alle fonti antiche e l'enfasi sul pensiero critico sono due delle caratteristiche principali dell'umanesimo. Anche i letterati dell'epoca volevano, nello stesso spirito, leggere la Bibbia da soli, senza alcun intermediario.

A questo impegno si associava l'idea che lo studio della letteratura rendesse l'uomo più degno. Si trattava quindi di perfezionarsi come essere umano e allo stesso tempo di stupirsi della grandezza di certi uomini, in particolare di autori antichi e di figure come Socrate. Il mondo antico è pieno di esempi di eroismo, mentre all'epoca in cui viveva Montaigne non era più così. Il filosofo era molto attratto dalla libertà, dalla giustizia e dalla prosperità della Repubblica romana.

Gli umanisti, che volevano avvicinarsi il più possibile ai loro modelli, davano grande importanza all'educazione, che può rendere l'uomo migliore: non si nasce, ma si diventa, uomini. Ciò avviene attraverso un grande appetito di conoscenza alimentato dal cosmopolitismo. In questo modo, l'educazione avviene sperimentando il mondo.

COMPOSIZIONE E STRUTTURA DEI *SAGGI*

I *Saggi* sono distribuiti in tre libri. In quest'opera, Montaigne si propone di conoscere meglio se stesso esercitando il proprio giudizio su diversi argomenti. La successione non strutturata di questi argomenti molto vari fa sì che il libro non sia affatto una panoramica ordinata.

I libri I e II furono pubblicati contemporaneamente nel 1580. Il primo comprende riflessioni filosofiche sulla morte, l'amicizia, l'educazione e la solitudine, oltre ad alcune osservazioni storiche o militari, mentre il secondo è più incentrato sull'autore: parla dei suoi gusti letterari, del suo scopo di raffigurare se stesso e del suo punto di vista su temi come il suicidio, i rapporti genitori-figli, la crudeltà e la malattia.

Il libro III, apparso nel 1588, si concentra su riflessioni politiche e filosofiche: la coscienza individuale e l'esperienza quotidiana danno accesso alla verità. Montaigne rivela la sua filosofia, che consiste nel seguire la natura.

I temi principali dei *saggi* sono i seguenti:

- pensiero critico;

- la condanna di ogni forma di violenza (caccia, guerra, tortura, ecc.);

- istruzione e viaggi: l'obiettivo non è accumulare conoscenze, ma affinare la propria capacità di giudizio;

- apertura agli altri: Montaigne si interessa a tutti, dalle tribù lontane a quelle vicine (amore, amicizia, conversazione);

- il corpo e la malattia: essendo stato lui stesso malato, Montaigne conosceva la sofferenza e il modo in cui la mente influenza il corpo. Egli fa della salute il bene più alto;

- la vecchiaia e la morte. Il filosofo voleva lottare contro la morte, ma finisce per accettarla come parte essenziale della vita;

- filosofia, morale e religione. L'esperienza è preferibile ai pensieri astratti.

Il saggio è un genere letterario creato da Montaigne. Il suo scopo è quello di esercitare il proprio giudizio, che trae da vari argomenti domande che necessitano di risposta, ma ciò avviene senza la deduzione di certezze. In altre parole, si tratta di un commento personale su uno o più temi scelti. Sebbene l'io sia al centro della scena, il saggio non è un'autobiografia, poiché rientra nella categoria della conoscenza e non della storia della vita.

ANALISI

UN AUTORITRATTO

Lo scopo dell'opera di Montaigne è la conoscenza di sé. L'autore si ritrae senza artifici e in modo naturale, in modo che dopo la sua morte i suoi cari possano ritrovarlo così come lo conoscevano. Egli traccia un ritratto fisico, morale e intellettuale di se stesso, ma la descrizione fisica assume un'importanza minore rispetto alla compilazione delle sue esperienze, dei libri che ha letto e dei suoi incontri con gli uomini.

L'obiettivo di Montaigne non è certo quello di glorificare se stesso, di difendersi o di ritrarsi come un moralizzatore, ma riconosce l'aspetto orgoglioso della sua impresa: spesso è necessariamente l'unico personaggio presentato e, quando non descrive le sue attività e ciò che gli è accaduto, esprime le proprie opinioni e la propria sensibilità. Tuttavia, nonostante tutto ciò, non prova indulgenza quando guarda se stesso. Anzi, Montaigne non esita a criticare se stesso e a informare il lettore dei suoi difetti. Inoltre, non dice nulla degli onori e delle ricompense che ha ricevuto nel corso della sua vita, delle azioni umanitarie che ha compiuto e nemmeno delle prove di affetto e di fiducia che ha ricevuto. L'autore cerca di vivere in pace con se stesso piuttosto che di glorificarsi.

Insomma, la scrittura è un mezzo per conoscere se stessi, e Montaigne mira solo a scoprire se stesso. Tuttavia, questo tentativo va oltre la biografia perché intende anche ritrarre l'uomo in generale: il filosofo si considera un campione dell'umanità. Questa conoscenza della condizione umana avviene attraverso la descrizione delle azioni umane nel loro complesso e delle tradizioni, dei costumi, delle parole e delle rivendicazioni degli uomini. È nel dettaglio del quotidiano, più che nelle grandi conquiste, che possiamo conoscere tutto dell'uomo.

Questa impresa ebbe molti effetti sull'autore: lo aiutò a comprendere meglio gli altri, a riflettere sui problemi religiosi, politici e sociali del suo tempo, a stabilizzarsi e a formare la sua personalità.

LA SCRITTURA DI MONTAIGNE

La scrittura dei *saggi* mette alla prova le fluttuazioni della riflessione e i colpi di scena di una mente aperta, che trasmette la diversità del mondo e dell'umanità e ci permette di acquisire una nuova prospettiva sulle cose.

La scrittura di Montaigne si caratterizza per la sua semplicità. Il progetto del filosofo esclude qualsiasi retorica: il linguaggio deve essere ingenuo e naturale per rimanere vicino all'io e non sfigurare i pensieri con la decorazione. Non è un esercizio di stile, ma un esercizio di riflessione. Tuttavia, la scelta delle parole è comunque importante nella traduzione delle idee. In quanto tale, lo stile è al servizio del pensiero e non viceversa. Allo stesso modo, Montaigne adatta il ritmo delle frasi al suo contenuto, utilizzando una forma di espressione naturale se l'idea che vuole trasmettere è semplice, uno stile di scrittura incisivo se sta cercando, ad esempio, di imitare Seneca, e lunghi passaggi con elementi parentetici se sta cercando di esprimere le svolte di un pensiero.

Tuttavia, il filosofo ricorre ad alcuni accorgimenti stilistici che gli permettono di aggiungere sfumature alle sue osservazioni.

- Antitesi, che consiste nel riunire due idee opposte in una stessa affermazione con lo scopo di sottolineare il contrasto tra di esse: "Perché noi muoviamo altre armi, questa ci muove; la nostra mano non la guida, essa guida la nostra mano; essa ci tiene, noi non la teniamo" (Libro II, capitolo 31).

- Paragoni e metafore. I paragoni stabiliscono un rapporto di analogia tra due idee o due oggetti: "Il vizio lascia il pentimento nell'anima, come un'ulcera nella carne" (Libro III, Capitolo 2). La metafora si distingue dal paragone perché non ha un termine di paragone, ma si riferisce a un oggetto o a un'idea usando una parola che si adatta a un altro oggetto o a un'altra idea: "Il cuore e la vita di un grande e trionfante imperatore sono la colazione di un piccolo verme" (Libro II, Capitolo 12).

- Ironia, che consiste nel dire il contrario di ciò che si pensa realmente. Nel capitolo 6 del Libro III Montaigne ironizza sulla presunta superiorità degli europei rispetto agli indiani.

Infine, poiché l'obiettivo del filosofo non è quello di persuadere ma di far riflettere il suo lettore, egli utilizza:

- Esempi, aneddoti e osservazioni che contraddicono o sostengono determinate idee;

- Ricorrenze. Molti degli argomenti trattati sono ricorrenti e compaiono in diversi capitoli. Ad esempio, Montaigne può sviluppare un argomento dal punto di vista della giustizia, poi dal punto di vista della morale;

- Ricorsi. Tra gli altri, si appella contro Raymond Sebond e a favore dei cannibali.

UN GIUDIZIO CRITICO

Montaigne è stato spesso considerato timoroso del cambiamento e dell'innovazione, ma in realtà criticava spesso l'ordine costituito.

- La demistificazione dei grandi uomini. Si tratta di distinguere la funzione del principe dall'uomo così com'è, perché i grandi uomini non sono esseri composti in modo diverso dagli altri uomini e possono benissimo essere mediocri. Inoltre, spesso questi uomini elevati che dovrebbero mostrare le virtù dell'umanità, della verità, della lealtà, della temperanza e della giustizia non lo fanno, e questo è deplorevole. Invece di cercare di conquistare l'amore del popolo, vogliono rendersi più attraenti con il lusso o imporsi con la paura. Sono vili e sterminano crudelmente i loro avversari piuttosto che affrontarli. Montaigne pensa che questi principi sanguinari dovrebbero seguire l'esempio dei re del Perù e del Messico, coraggiosi e amati dal loro popolo.

- Critica della legge. La legge è il risultato di decisioni arbitrarie prese da uomini deboli e vanitosi; per questo motivo fluttua a seconda del periodo e dei costumi dei Paesi, mentre dovrebbe essere immutabile e basata sulla ragione. Inoltre, Montaigne ritiene vergognoso che le leggi siano scritte in una lingua oscura e incomprensibile per il popolo, che quindi non può capirle né rispettarle. Inoltre, questo problema linguistico dà luogo a diverse interpretazioni, spesso contraddittorie. Il filosofo rimprovera anche alle leggi ereditate dal diritto romano di non essere più adatte ai tempi e di essere spesso ingiuste (come la tortura), e lamenta il fatto che il diritto è spesso inestimabile e quindi non accessibile a tutti.

• **Denuncia della guerra.** Montaigne pensa che la guerra non abbia altro scopo che quello di uccidere, il che dimostra la nostra stupidità e imperfezione. Sebbene tra gli antichi potesse essere una prova di coraggio, ai suoi tempi non era altro che crudeltà e ambizioni meschine. Fare una guerra significa abbandonare la moralità individuale.

• **Anticolonialismo.** I conquistatori spagnoli e portoghesi si sono resi protagonisti di spaventosi massacri. Vani e avidi, si permisero un potere assoluto del tutto brutale, arrivando a negare l'umanità dei nativi americani. La colonizzazione si svolse con indicibile crudeltà: le città furono rase al suolo, le nazioni furono sterminate, le persone furono tradite, minacciate e distrutte. Alla luce di ciò, Montaigne si chiede: tra gli europei e gli indigeni, chi è veramente barbaro e selvaggio?

Come abbiamo detto sopra, Montaigne non era comunque favorevole all'innovazione e diffidava delle riforme, che considerava pericolose. Infatti, secondo lui la possibilità della vita sociale si basa sull'obbedienza all'ordine stabilito. Tuttavia, non è un conservatore e distingue ancora tra pubblico e privato: l'individuo deve seguire le leggi dei principi all'esterno e le proprie leggi all'interno. All'interno di sé, quindi, le persone beneficiano della piena libertà di pensare e di criticare tutto ciò che giudicano ingiusto.

ISTRUZIONE

Il filosofo formula principi pedagogici basati sulla comune convinzione degli umanisti che l'uomo sia naturalmente buono: l'inclinazione al male deriva da una cattiva educazione o dalla compagnia che lo spinge al peccato e alla malizia. I bambini devono quindi essere tenuti lontani da queste influenze nocive, in modo da preservare la loro natura buona.

Montaigne si oppone all'educazione collettiva impartita nelle scuole perché la ritiene incapace di formare menti diverse. Raccomanda piuttosto un'educazione individuale impartita da un precettore privato attento alla natura del bambino. Inoltre, il dialogo dovrebbe essere privilegiato rispetto all'insegnamento frontale.

Secondo lui, le caratteristiche principali di una buona educazione sono le seguenti:

- l'esercizio del pensiero critico. Il bambino deve essere messo di fronte a diverse conoscenze e a diversi punti di vista per poterli confrontare e criticare. Questo lo porta a mettere in discussione alcuni principi e ad adottarne altri. In breve, Montaigne è contrario all'apprendimento a memoria: secondo lui, una testa "ben fatta" è meglio di una testa "ben piena";

- l'esercizio del corpo. Il corpo deve essere temprato in modo da non temere più il freddo o il buio. In questo modo, i muscoli si induriscono e il bambino viene addestrato a soffrire meno. Nell'educazione ideale di Montaigne, il corpo è rispettato quanto la mente, poiché le facoltà morali e fisiche sono collegate. Mettere alla prova il corpo porta a dominare le passioni e gli istinti;

- lo sviluppo di una mente aperta. L'apprendimento avviene meno sui libri che nella natura stessa: è necessario imparare a osservare, ragionare e capire tutto per poi acquisire una scienza particolare che la mente ben formata sceglie liberamente. Questo avviene passando del tempo in compagnia degli uomini e conversando tanto con i contadini quanto con i nobili; in breve, attraverso il contatto con tutti gli aspetti della vita;

- viaggiare. Questo permette al bambino di affrontare cose nuove e sconosciute. È significativo che Montaigne si interessi agli altri popoli, ai loro costumi e al loro stile di vita con l'obiettivo di comprenderli, non di giudicarli. Vede il viaggio come un modo per arricchire le proprie conoscenze, non come un tentativo di assimilare l'altro a se stessi. Lo studente dovrebbe adottare lo stesso atteggiamento per diventare tollerante.

Lo scopo di questa educazione è morale. Deve permettere all'alunno di diventare migliore e più saggio, capace di riconoscere e scegliere la verità.

LA RELIGIONE

Montaigne non è d'accordo con il teologo Raymond Sebond, che sottolinea il potere della ragione, perché la ragione è un dono di Dio, al servizio della fede. Anzi, considera la ragione umana incapace di conoscere Dio, poiché l'uomo è del tutto estraneo a lui. Secondo il filosofo, è un sacrilegio pensare che Dio sia simile all'uomo: Dio è trascendente e non dovrebbe in alcun modo essere mescolato con la nostra corruzione e miseria.

Allo stesso modo, è un errore cercare di penetrare i suoi disegni perché sono opachi per noi. Montaigne fa l'esempio dei disabili: anche se altri li considerano imperfetti, il fatto che le creazioni di Dio debbano essere perfette significa forse che questi esseri non sono affatto mostruosi agli occhi di Dio. Non spetta quindi a noi giudicare le sue opere o le sue intenzioni.

Montaigne concepisce Dio come trascendente, ma non sempre interviene nelle vicende umane. Di conseguenza, è sciocco per gli uomini rivolgersi a lui con preghiere piene di richieste. La fede non deve basarsi sugli eventi: Dio non è la causa di tutto ciò che ci accade e più spesso usa una giustizia a noi sconosciuta che la sua potenza. In quanto tale, la fede dovrebbe esprimere solo il riconoscimento dell'uomo verso Dio, che gli permette di superare i limiti della sua debole natura. Infatti, l'essere umano può essere innalzato solo grazie alla grazia divina, e di questo dobbiamo ringraziare Dio nelle nostre preghiere piuttosto che rivolgergli i nostri desideri.

Gli uomini possono essere salvati solo dalla grazia di Dio, non dalle loro azioni o dalle loro opere. Questa idea è una delle sfide al dogma cattolico da parte della Riforma protestante. Lutero (riformatore tedesco, 1483-1546) tradusse la Bibbia in tedesco con l'obiettivo di permettere a tutti di leggerla e interpretarla senza dover passare attraverso l'autorità del sacerdote. Questo spirito di libera indagine sulle Scritture portò al rifiuto di alcuni altri dogmi, come il culto dei santi e i sacramenti al di fuori del battesimo e della comunione. In quanto tale, il protestantesimo è una religione semplificata che elimina gli intermediari tra l'uomo e Dio. Tuttavia, Montaigne non vede di buon occhio la Riforma protestante: ritiene ridicolo immischiarsi in queste questioni a causa della debolezza della mente umana. Inoltre, questi passi sono dannosi per la morale e la vita sociale. Il conflitto tra cattolici e protestanti si trasforma troppo spesso in fanatismo: entrambe le parti dovrebbero dare prova di moderazione.

La moderazione dovrebbe essere al centro di tutte le azioni ed è l'elemento che definisce la condotta morale. Il filosofo sottolinea questo punto più che il contenuto della credenza, poiché il giudizio individuale è troppo debole e incoerente per parlare di credenza. Essere moderati significa essere modesti. Al contrario, critica l'eccessiva pietà che nasconde ipocrisia, odio, avidità e ingiustizia.

Montaigne pensa anche che la religione sia un'eredità culturale e un fenomeno sociale che quindi conosce nascita e declino. È il caso, più che un atto di fede, a far sì che una persona obbedisca a una tradizione o a un'altra, ed è l'educazione più che la rivelazione a far sì che un uomo adotti una religione o un'altra.

Pur essendo cattolico, l'autore dei *Saggi prende* tuttavia le distanze dal cattolicesimo su alcuni punti. Ad esempio:

- parla a malapena della Vergine, delle reliquie o dei miracoli;

- difende il suicidio, condannato dalla Chiesa;

- la sua fede nei peccati e nel pentimento è limitata;

- per lui il paradiso e la vita terrena dopo la risurrezione sono idee assurde.

Ciò solleva interrogativi sulla fede di Montaigne. In realtà, egli segue una religione naturale: oscilla tra il fideismo, con la necessità di fondare il suo rapporto con Dio su una fede indipendente dalla ragione, e l'agnosticismo, negando che l'uomo sia capace di elevarsi a concetti metafisici.

RELAZIONI UMANE

Montaigne si gode la vita e gli incontri che essa comporta. Le emozioni e i sentimenti hanno un posto importante nella sua vita e cerca la compagnia degli altri. In particolare, fa riferimento a due tipi di relazioni.

- Rapporti con le donne. Il filosofo non si vergogna di parlare liberamente della sessualità, che considera naturale, necessaria e giusta. Per Montaigne, l'amore è soprattutto piacere e desiderio ardente. Tuttavia, poiché il corpo e la mente sono strettamente legati, l'atto sessuale stimola la mente. Per questo ritiene che il linguaggio poetico sia particolarmente adatto a trasmettere l'amore. Montaigne non prevede l'amicizia intellettuale con le donne, salvo alcune eccezioni. Tuttavia, non ha obiezioni a lasciare che la moglie gestisca la sua terra quando lui parte per viaggiare, il che potrebbe essere considerato una forma di uguaglianza. È quindi difficile definire con esattezza il punto di vista di Montaigne sui ruoli e sullo status delle donne: a volte sono in balia del loro corpo, capricciose, infantili e poco adatte all'educazione; a volte sono fatte della stessa pasta degli uomini, uguali ma rese diverse solo dalla consuetudine, e trova normale che si ribellino alle regole che gli uomini cercano di imporre loro. Inoltre, per lui il matrimonio è solo un patto sociale necessario che si fa per

rispetto dei costumi, ma che è incompatibile con il desiderio perché deve essere rigoroso e pio. In quanto tale, c'è
sempre una distanza tra uomini e donne.

• Amicizia. Nell'amicizia non c'è distanza. Il suo rapporto
  con Étienne de la Boétie ne è la prova: fu eccezionale e non
  si indebolì mai. Il vantaggio dell'amicizia rispetto ad altri
  tipi di relazione è che si basa su un'uguaglianza che
  potrebbe essere presa come modello di giustizia nella
  società. Unisce due uomini maturi e uguali: Montaigne e La
  Boétie sono due volontà che si sono scelte liberamente.
  Dopo la morte dell'amico, Montaigne vive solo una vita a
  metà. Per questo si butta a capofitto nella scrittura dei
  Saggi. In questo modo, La Boétie è al centro della sua vita
  e della sua opera.

Detto questo, sebbene Montaigne apprezzi le relazioni con
gli altri, non è meno critico nei confronti della vita sociale.
Anzi, ritiene che la vita sociale pulluli di ambizione, lussuria e
avidità: se un uomo afferma di volgersi al bene pubblico piuttosto che ai propri interessi personali, è per trarre un maggior
guadagno personale dal pubblico attraverso le relazioni
sociali. In questo contesto, è meglio sviluppare il gusto della
solitudine, perché al centro della folla è difficile trovare persone buone e le persone cattive sono contagiose. Se una
persona rimane lì, o diventa come gli altri o troppo spesso
odia gli altri. Per questo motivo, il saggio fugge dalla folla per
non doverne tollerare i vizi. Cerca invece un modo di vivere
più tranquillo e confortevole.

Tuttavia, tenersi lontani dalle persone non è sufficiente per
distruggere il vizio: cambiare luogo non risolve il problema.
L'individuo deve invece lavorare su se stesso, perché siamo

completamente liberi solo quando la nostra testa non è più piena delle cose che abbiamo lasciato e quando ci siamo liberati da tutti i vizi mondani (ambizioni di gloria, desiderio di piacere e ricchezza, ecc.). L'isolamento dell'anima in se stessa porta alla vera conoscenza di sé a cui Montaigne aspira per sé e per gli altri. Si tratta di osservare se stessi con chiarezza e di non farsi influenzare dall'approvazione o dalla censura degli altri. Per questo è necessario prendere modelli dall'antichità e lasciare che controllino le nostre intenzioni: il rispetto che abbiamo per loro ci riporterà sulla strada giusta.

LA RICERCA DELLA SAGGEZZA

Montaigne fu influenzato dal filosofo scettico Pirro (365-275 a.C.). Le sue letture lo portano alla conclusione che l'uomo non può raggiungere la verità, soprattutto perché i suoi sensi lo ingannano costantemente. Lo dimostra la pluralità e la diversità delle dottrine filosofiche: l'uomo sembra incapace di fissare l'essenza dell'umanità. Ha accesso solo alle apparenze, ma queste sono distorte dalle sue percezioni sensoriali. L'esperimento del bastone che appare in diagonale quando viene immerso nell'acqua dimostra l'impossibilità di fidarsi dei sensi. Montaigne fa anche riferimento all'influenza dello stato di salute di una persona sulla sua percezione delle cose: esse non ci appaiono allo stesso modo se un problema del nostro corpo influisce sul nostro umore. Infine, l'immaginazione gioca un ruolo importante nella percezione errata della realtà. In quanto tale, l'uomo deve riconoscere di essere ignorante e instabile: passa continuamente da uno stato d'animo all'altro e cambia le sue idee a seconda delle circostanze. Di conseguenza, deve astenersi dai giudizi categorici e prendere coscienza del carattere soggettivo e provvisorio delle sue opinioni: queste sono le premesse della ragione.

Secondo Montaigne, essere saggi comporta:

- essere moderati. La moderazione e la modestia sono essenziali. Una persona deve ritirarsi dai beni mondani, limitare le proprie attività e dominare le proprie passioni. Questo è necessario per non subire i contraccolpi della vita, per raggiungere la calma interiore e per conservare il proprio autocontrollo;

- essere virtuosi. Questo non significa conquistare la gloria e godere di una buona reputazione, perché in questi ambiti tutto si basa sulle apparenze e sulle illusioni. L'uomo veramente virtuoso esercita la sua saggezza da solo e quotidianamente, cercando, come Socrate, di conoscere se stesso;

- fiducia nella natura. Quando Montaigne iniziò a scrivere i *Saggi*, i suoi calcoli renali gli stavano causando molte sofferenze e lo avevano portato vicino alla morte, ma gli permisero anche di scoprire che il dolore, per contrasto, fa apprezzare il piacere. Decide quindi di non affidarsi ai medici, ma di lasciare che la natura faccia il suo lavoro. Per lui la natura è la migliore guida: l'uomo può trovare la felicità solo essendo in armonia con se stesso qui sulla terra, continuando a essere se stesso e sapendo riconoscere e assaporare i piaceri semplici che sono accessibili a tutti; in breve, vivendo secondo la sua natura e secondo la natura nel suo insieme. La natura fa bene le cose perché ha reso piacevoli azioni necessarie come mangiare, dormire, bere e fare l'amore, ed è alla base di tutti i beni più preziosi.

ULTERIORI RIFLESSIONI

ALCUNE DOMANDE SU CUI RIFLETTERE...

• Quali collegamenti si possono stabilire tra il punto di vista di Montaigne sull'educazione e quello di Rabelais (1494 ca.-1553) in *Pantagruel*? In che modo i metodi sostenuti dai due autori differiscono dai metodi di insegnamento del loro tempo?

• In che modo l'*Utopia* di Thomas More (1478-1535) concorda con il punto di vista di Montaigne sull'educazione?

• Cosa significa "essere se stessi" per Montaigne?

• A quale genere letterario appartengono i *saggi*, saggio o autobiografia? Giustificate la vostra risposta.

• In che modo quest'opera è umanista?

• Perché la moderazione è così importante per Montaigne?

• In che modo si può dire che Montaigne è uno scettico?

• In "Apologia di Raymond Sebond", Montaigne critica i filosofi. Spiegatene le ragioni.

• Qual è la religione di Montaigne? Conoscete altri autori/filosofi che condividono il suo punto di vista?

• Le guerre di religione hanno avuto un impatto sui *Saggi*? Spiegate.

• Cosa possiamo dire dell'argomentazione nei *Saggi*?

- In che modo si può stabilire un parallelo tra la favola di La Fontaine "I due amici" e la concezione dell'amicizia nell'opera di Montaigne?

ULTERIORI LETTURE

EDIZIONE DI RIFERIMENTO

De Montaigne, M. (1965) *Saggi*. Trans. Frame, D. Stanford: Stanford University Press.

STUDI DI RIFERIMENTO

Bakewell, S. (2011) *Come vivere: Una vita di Montaigne in una domanda e venti tentativi di risposta*. Londra: Vintage.

Boudou, B. (2001). *Essais. Michel de Montaigne*. Parigi: Hatier.

Holyoake, J. (1984) *Montaigne: «Essais» (Guide critiche ai testi francesi)*. Londra: Grant & Cutler Ltd.

Vogliamo sapere da voi!
Lasciate un commento sulla vostra biblioteca online
e condividete i vostri libri preferiti sui social media!

www.50minutes.com

Master ISBN: 9782808690621
ISBN cartaceo: 9782808612029
Deposito legale: D/2023/12603/1482

Copertura: © Primento

Concezione digitale a cura di Primento, il partner digitale degli editori.